The Spirit-in-Nature Essences Storybook Collection:
per piccoli boccioli di ogni etá presenta:

# Bradley Banana
### *e il*
# Pirata con i controfiocchi

di Lila Devi
Illustrato da Chitra Sudhakaran
Traduzione a cura di Sahaja Mascia Ellero

THE ORIGINAL
*Spirit-in-Nature Essences*™

Nevada City, California

Desidero ringraziare profondamente: Chitra Sudhakaran, illustratrice, le cui pennellate hanno dato vita ai personaggi di questo libro; Sandy Ferguson Fuller per le sue grandi capacità di editing; Mary Weber per il suo feedback e le sue idee; Madhavi Eby per il suo buon senso tecnico; J. Donald Walters mio amico e maestro e Paramhansa Yogananda la mia "stella polare".

Pubblicato negli Sati Uniti da Spirit-in-Nature Essences, Nevada City, CA 95959
Copyright © 2011, 2010 in inglese, 2015 in italiano, Lila Devi.
Printed in the USA
ISBN 978-0-692-34778-2 (copertina rigida).

Prima edizione.

Ilustrazioni originali ad acquerello su carta da acquerello pressata a freddo. Il testo è stato stampato in Clichee.

Ai miei 20 bambini in bottiglia,
compreso Bradley Banana,
a cui l'umiltà radicata nella calma
ha salvato la pelle.

E al cuore dei bambini di ogni paese,
a prescindere dalla loro età.

Un giorno, Bradley Banana si recò all'emporio per comprare alcune cose.

"Eccoti, ragazzo mio. Dovrebbe essere il resto giusto" disse il Signor Onorato. "Hai letto qualcosa di bello, di recente?".

"Ci può scommettere!" rispose Bradley con un fischio di entusiasmo. "Sto leggendo un libro di avventure dei sette mari!".

"Corpo di mille balene!" disse il Signor Onorato. "E ci sono dei pirati con i controfiocchi nelle tue storie?".

"Più di quanto potrebbe immaginare!" esclamò Bradley.

Bradley Banana era alto per la sua età, ma riusciva a passare inosservato. Non prestava mai troppa attenzione a se stesso e pensava sempre di più agli altri. Il suo amico, il Signor Onorato, era fatto allo stesso modo. E a entrambi piacevano le storie di pirati.

Il Signor Onorato era un uomo onesto. Non solo, si fidava anche molto degli altri e se capitava che i suoi clienti avessero bisogno di acquistare a credito o perfino di un prestito, si fidava sempre che avrebbero mantenuto la parola.

Al Signor Onorato piaceva chiacchierare con i clienti. Bradley era un ascoltatore particolarmente attento: ascoltava in modo così silenzioso che gli altri si dimenticavano quasi che fosse lì.

Pane di banana
appena sfornato

Budino alla
banana della
Sig.ra Stalk

Dolce alla
crema di
banana

Frullato di
banana
tropicale
paradisiaco

Succo di
polpa di
banana

"A proposito di avventure" disse Bradley mentre sollevava la sua borsa della spesa "oggi me ne andrò sulla montagna".

"Attento ai pirati!" rispose il Signor Onorato scherzando. "Specialmente a quelli con i controfiocchi". Bradley lo udì a malapena, perché era già fuori dalla porta.

Bradley si incamminò su per la montagna. Il sentiero era ripido in alcuni punti e pianeggiante in altri. Di tanto in tanto si snodava verso valle, permettendogli di riprendere fiato. Le sue lunghe gambe facevano di lui un bravo escursionista: costante, preciso e dal passo sicuro.

Dopo qualche tempo, Bradley incrociò un gruppo di gitanti.

"Com'è il sentiero più avanti?" chiese.

"Beh, se sei arrivato fin qui" rispose uno di loro allontanandosi "non dovresti avere problemi con il resto del percorso. Però fai attenzione a...".

La gioia è dentro di te!

Le sue parole si persero mentre scendeva giù per il sentiero. Bradley Banana proseguì. Mentre saliva sempre più in alto, la vista si fece mozzafiato. I fiori selvaggi dai mille colori catturarono il suo sguardo e Bradley si fermò per bere un sorso d'acqua. Ben presto incontrò una coppia che correva di buon ritmo. Le loro risate echeggiarono tra gli alberi prima ancora che comparissero alla vista.

"Com'è il sentiero più avanti?" chiese Bradley.

"Se sei arrivato fin qui" disse uno di loro "forse è il caso che ti giri e lasci perdere! Non vorrai mica trovarti faccia a faccia con quel...". L'uomo lo superò correndo e non fu più possibile sentirlo.

*Che cosa significa?* pensò Bradley. *Sembra quasi che sia meglio che io torni a casa.*

Ma Bradley continuò a camminare. Il sentiero si fece sempre più ripido e stretto, e le rocce frastagliate sotto i suoi scarponi rendevano instabile ogni passo. Via via che Bradley saliva più in alto, il paesaggio diventava sempre più tropicale: il sottobosco sterposo aveva lasciato il posto a un rigoglioso palmeto e uccelli esotici spiccavano il volo dai vicini strapiombi.

Mentre Bradley toglieva un ramo dal sentiero, una scimmia che dondolava da una liana lo fece praticamente cadere per terra. "Questa poi da dove arriva?" si chiese Bradley, asciugandosi la fronte con il dorso della mano.

Bradley Banana capì di essere entrato in un paradiso tropicale. Frutti esotici – manghi, papaye e jackfruit – crescevano in abbondanza sugli alberi. Pappagallini e tucani lo osservavano con interesse dai loro rami. Bradley notò un'abbondanza di piante simili a steli, coperte di dozzine e dozzine di banane. Si sentì a casa.

"Dove sono?" si chiese, guardandosi intorno.

Raggiunse infine una radura sulla cima della montagna. La vista, in ogni direzione, era spettacolare. Bradley tirò fuori la borraccia dal suo zaino. Qualche goccia d'acqua gli gocciolò lungo il mento mentre beveva.

L'acqua ai piedi della montagna si increspava in una miriade di sfumature di blu e la luce del sole creava infiniti riflessi sulle onde. Sembravano dei minuscoli diamanti, come gioielli in una cassa del tesoro.

"Accipicchia, ecco qualcosa che non avevo mai visto prima!" disse Bradley. "Da dove è venuta quella nave?".

"Ih, ih, ma è proprio così?" risuonò una voce roca attraverso gli alberi. Un fruscio di foglie smosse fece capire a Bradley che qualcuno si avvicinava.

"Stai parlando della mia nave" disse la voce. Allora Bradley sentì un fischio.

*Clomp-clomp-clomp.* Un'alta figura si stagliò nella radura. Una gamba di legno risuonò contro il terreno umido. L'uomo puzzava di sale, fumo e pesce andato a male.

Per Bradley, una cosa era certa: davanti a lui c'era un autentico pirata!

Il pirata sembrava uscito da un libro di avventure. Portava un cappello a punta sui capelli arruffati e una benda sull'occhio. Sulla sua spalla era appollaiato un grosso pappagallo. Ma ancora più caratteristico di qualunque altra cosa era il suo sorriso: il suo viso non rasato incorniciava una serie di denti storti, che probabilmente non vedevano lo spazzolino da quando Bradley era nato.

"E tu come ti chiami, ragazzo?" chiese il pirata, allungando verso di lui la sua mano nodosa. "Io mi chiamo Placido Passolento. Ma puoi chiamarmi semplicemente Capitano".

"Piacere, Capitano. Io sono Bradley Banana".

"Banana, questa qui è la mia dolcezza, Penelope Pappagallo". Il pirata tirò fuori dalla tasca una crosta di pane e la infilò nel becco dell'uccello.

"Grazie, dolcezza!" cinguettò Penelope con perfetta educazione. "Prendi la busta! Vedrai che ti gusta!".

"Fai silenzio, adesso, mio tesoro piumato" disse il Capitano. "Parleremo della posta più tardi".

Bradley ascoltava il pirata con grande attenzione. Aveva letto abbastanza storie per sapere esattamente come parlare a questi individui. Qualunque cosa avesse detto, Bradley sapeva che doveva stare dalla parte del pirata. Camminare sull'asse e finire in pasto ai pesci non faceva parte dei suoi progetti per il futuro!

"Sei proprio un bravo ragazzo. Costante, preciso e dal passo sicuro. Lo vedo perfino io, con un occhio solo!" ridacchiò Passolento. "Perché non ci sediamo un po' insieme e condividiamo la tua acquavite?".

"La mia acquavite" disse Bradley offrendogli la borraccia "è acqua di fonte. Ne vuole un po'?".

"Perché no?" rispose Passolento, accarezzando la testa piumata di Penelope. Prese una sorsata d'acqua fresca, se la fece passare da un lato all'altro della bocca e la fece scendere giù per la gola con un gorgoglio di soddisfazione.

Con grande sollievo di Bradley, il pirata sembrava una persona per bene. *In effetti* – pensò Bradley – *sembra felice di avere qualcuno con cui parlare.*

"Quella lì è la mia nave" annunciò il Capitano con orgoglio. Indicò il veliero ancorato vicino alla riva. "I miei uomini sono impegnati in un'avventura segreta". *Probabilmente alla ricerca di un tesoro sepolto*, pensò Bradley.

Il nuovo compagno di Bradley era molto loquace e il suo argomento preferito sembrava essere se stesso.

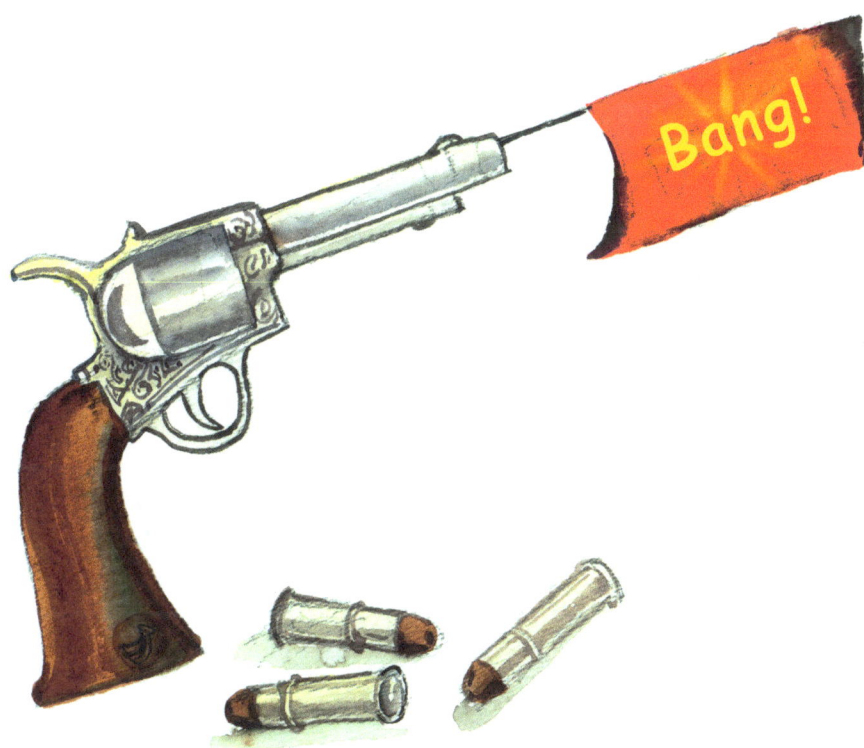

"Beh, per quanto i miei uomini siano bravi, io sono il migliore di tutti" si vantò Passolento, colpendosi il petto con orgoglio. "Dammi una pistola carica e un bersaglio a qualunque distanza e io li collego in un attimo!".

All'improvviso ci fu un rumore assordante. *BANG!* Bradley e Passolento si ritrovarono gambe all'aria a diversi passi dal luogo in cui erano seduti. Penelope gracchiò a gran voce e sbatté le ali, prima di posarsi nuovamente sulla spalla del suo padrone.

"Cosa può essere stato?" chiese il Capitano.

Bradley mantenne il suo contegno, come sempre. Guardò verso l'acqua che riluceva come tanti piccoli gioielli. Il panorama era cambiato. Ora si trovavano più vicini al livello del mare, il che poteva significare una cosa sola: *la montagna si stava rimpicciolendo!*

"Certamente" continuò Passolento "tutti i miei uomini sono assolutamente leali. Di sicuro non potrai mai trovare un capitano migliore di me in tutti i sette mari!".

*BANG!* Di nuovo quel rumore assordante. E di nuovo Bradley e Passolento finirono a gambe levate, mentre Penelope gracchiava a gran voce per esprimere il suo disappunto. Bradley guardò ancora una volta verso la distesa d'acqua. Si erano avvicinati ancor più al livello del mare: era proprio vero, la montagna stava scomparendo sotto di loro!

Il Capitano non sembrava turbato da quella strana piega degli eventi.

"Corpo di mille balene!" tuonò Passolento. Bradley sorrise, ricordando che il Signor Onorato usava spesso la stessa espressione. "Una scena più strana di questa non la vedrò mai!" continuò il Capitano. "La cosa migliore da fare in situazioni come queste, amico, è pensare a se stessi e mettere in salvo la pellaccia!".

WHUMP, WHUMP, WHUUUUSH! I colpi assordanti sembravano provenire dalla pistola di un pirata. La montagna scomparve completamente. Bradley e Passolento si ritrovarono seduti a livello del mare, osservando, al di sopra dell'acqua, le vele della nave.

Mittente:
*La tua amata Mamma*

A: *Mio figlio il Pirata*
*A bordo della Humble Banana*
*Sugli Alti Mari*

"Mamma che paura, sembra il *rumore* di mille balene!" scherzò Bradley. Ma Passolento continuò a parlare di sé come se null'altro fosse importante.

"Mille balene!" fece eco Penelope. Senza dubbio, anche lei si era stancata di ascoltare il Capitano. "Prendi la busta! Vedrai che ti gusta!" gli cantò nell'orecchio.

Dopo alcuni lunghi minuti, finalmente Passolento decise di riconsiderare la situazione. "Allora, Banana, cosa pensi che stia accadendo?" chiese a Bradley. Questa era una cosa davvero insolita, perché un capitano dei pirati fa raramente delle domande: di solito è troppo impegnato a dare ordini.

Bradley aveva un'idea abbastanza chiara di cosa fosse successo alla montagna. Ma come fare a spiegarlo a Passolento in modo che lo ascoltasse?

"Beh, Capitano, io la vedo così" cominciò. "La montagna ci permette di fare un passo indietro dalle situazioni e di vedere le cose da una certa distanza. A essere sincero, signore, sembra che lei abbia perso il senso della prospettiva, parlando così tanto di se stesso".

Passolento sembrò perplesso.

Bradley proseguì: "Quando ha affermato di essere il miglior tiratore della sua ciurma, era proprio vero, signore? Un bravo capitano come lei deve sicuramente avere una squadra di talento".

Passolento sollevò un sopracciglio, quello sopra la benda.

"Quando ha detto di essere il miglior capitano che sia mai esistito" continuò Bradley "con tutto rispetto, signore, pensa che altri potrebbero forse vedere le cose diversamente?". Bradley pensò attentamente, per evitare guai con quel personaggio un po' ruvido. Dopo tutto, c'era sempre l'asse!

L'ultimo pasto
di Brandolino

L'ultima notte
di Brandolino

L'ultima passeggiata
di Brandolino

"Forse, se lei si concentraste meno su se stesso e ascoltasse di più gli altri, non sarebbe male". Bradley si sentiva la gola secca e faceva fatica a inghiottire. Passolento abbassò lo sguardo del suo occhio buono.

"E parlare solo di se stessi" disse Bradley con voce strozzata "non lascia spazio alle opinioni degli altri".

Passolento si guardò lo stivale. Non poteva negare quelle semplici verità.

"*Argh*" disse il Capitano, non sapendo bene che altro dire. "Allora è per questo che la montagna è scomparsa?" chiese timidamente.

"Direi di sì" rispose Bradley. "La montagna rappresenta il senso di prospettiva accompagnato dalla calma. L'umiltà, signore. Possiamo sempre vedere le cose con più calma quando ci concentriamo sul quadro più ampio, invece di focalizzarci solo sul nostro piccolo sé".

Il Capitano, reso umile, si ritrovò senza parole. Bradley pensò che fosse meglio non aggiungere nulla. Silenziosamente, offrì la sua bottiglia d'acqua a Passolento.

**Terreno in vendita**
Vista sulla famosa
Montagna che Svanisce

Penelope Pappagallo fu la prima a notare quello che accadde in seguito. *"ARGH!"* gracchiò. La nave sull'acqua si stava abbassando, o piuttosto, la montagna stava ritornando alla sua altezza iniziale!

"Beh, corpo di mille balene, Dolcezza!" esclamò Passolento.

"Penso proprio, Banana" disse il Capitano con rispetto "che la mia dolcezza Penelope e il mio umile sé torneranno sulla nave. Strada facendo, ci fermeremo all'ufficio postale. Vedi, a volte mi manca tanto la mia mamma. Spero che ci sia una busta che mi aspetta".

Bradley ne fu commosso: un vero pirata che sentiva la mancanza della mamma!

"I miei bravi uomini torneranno presto" continuò il Capitano. Vorrei ramazzare il ponte e issare le vele io stesso, per dargli il benvenuto". Arrossì. "Ah, magari gli leggerò anche una storia della buonanotte!

Ma adesso è meglio che tu vada a casa, Banana, o tua mamma si chiederà dove sei".

Bradley rimase a guardare mentre il Capitano e Penelope lo salutavano da lontano, prima di scomparire nella nebbia. Si attardò ancora un attimo, poi cominciò la discesa.

Banane Bio
(sconto speciale per i capitani
dei pirati!)

Il mattino seguente, Bradley Banana era già all'emporio prima ancora che aprisse. Non vedeva l'ora di incontrare il Signor Onorato e di raccontargli la sua avventura dei sette mari!

"Dimmi, Bradley, ieri hai incontrato dei pirati, durante la tua gita in montagna?" gli chiese il Signor Onorato mentre contava le monete nella cassa.

"Oh, non mi crederebbe nemmeno se glielo raccontassi!" esclamò Bradley con un sorriso da un orecchio all'altro. "Le dispiace se le faccio una domanda?".

"Certo. Lo sai che la maggior parte dei pirati non risponde alle domande, vero?" disse il Signor Onorato facendo l'occhiolino.

"Me lo immaginavo" disse Bradley. "Ma potrebbe dirmi cosa significa esattamente *Corpo di mille balene?*".

"Beh, ragazzo mio, diciamo che è semplicemente il modo che hanno i pirati di esclamare 'Mamma mia!'". Il Signor Onorato chiuse il cassetto della cassa con un sorriso ammiccante.

"Ah, proprio come pensavo" rispose Bradley annuendo. Poi, timidamente, chiese: "Solo i pirati con i controfiocchi?".

"Solo quelli" rispose il Signor Onorato.

"Ancora una cosa" disse Bradley, voltandosi per uscire. "Com'è che lei sa così tante cose sui pirati?".

"Ih, ih, ma è proprio così?" rispose il Signor Onorato, grattandosi il mento. "Un vero pirata non rivela mai la sua vera identità".

"Me l'aspettavo" sorrise Bradley. "Beh, immagino che adesso me ne andrò a casa".

Bradley Banana si mise a fischiettare un'allegra canzone di marinai. Costante, preciso e con passo sicuro, uscì nella luce del sole che scintillava come una cassa del tesoro piena di gioielli.

*Bradley Banana e il Pirata con i controfiocchi* fa parte di una collana di venti libri illustrati per bambini: The Spirit-in-Nature Essences Storybook Collection: per piccoli boccioli di ogni età.

Questi libri, splendidamente illustrati, consentono di condividere concetti edificanti con bambini di sei anni e oltre, in modo molto piacevole. Molto simili a un'affermazione ripetuta prima di dormire, quando la mente subconscia è altamente ricettiva ai pensieri positivi, questi libri rappresentano un'ottima scelta come "storie della buonanotte". In questo racconto, un giorno qualunque diventa un'avventura straordinaria e la qualità dell'umiltà radicata nella calma prende vita in un ragazzino di nome Bradley Banana.

La raccolta di fiabe, di cui fa parte questo libro, personifica le essenze floreali Spirit-in-Nature, la più antica azienda nel suo settore al di fuori del Regno Unito. Le essenze floreali sono essenze di erbe che risvegliano le qualità dell'anima, come la gentilezza, la calma e l'amore incondizionato. Esistono venti essenze, ispirate dalla saggezza di Paramhansa Yogananda; esse sono preparate con i fiori di vari alberi, frutta e verdura. I libri possono essere accompagnati dalle essenze oppure essere goduti separatamente, accompagnati da un CD audio. Per ulteriori informazioni sui nostri libri, prodotti, corsi di studio a distanza, webinar e seminari potete visitare: www.Spirit-in-Nature.com.

Altri libri (e le loro qualità corrispondenti) che saranno presto pubblicati in questa collana sono:

*Andy Apple and the Precocious Bookworm* (chiarezza)
*Arnie Almond and Dessert Before Dinner* (auto-controllo, forza morale)
*Avery Avocado and the Crafty Common Lizard* (buona memoria)
*Bianca Blackberry and the Crystal Albatross* (purezza di pensiero)
*Calvin Corn and the Starfish Poet* (vitalità mentale)
*Chelsea Cherry and the Tapdance on the Moon* (allegria)
*Chloey Coconut and the Cantankerous Calico* (consapevolezza spirituale elevata)
*Darla Date and the Magic Cake* (tenera dolcezza)
*Frankie Fig and the Yoga Pretzel Pose* (flessibilità, auto-accettazione)
*Greta Grape and the Hugs in Her Back Pocket* (devozione, amore divino)
*Leona Lettuce and Mr. Grumplyword's Garbage Cans* (calma)
*Oscar Orange and the Clever Toy* (entusiasmo)
*Patsy Peach and the Me-Myself-and-I Fly* (altruismo)
*Peter Pineapple and the Grog of Ale* (sicurezza di sé)
*Paulie Pear and the Roly-Poly Pandas* (pace, sostegno nelle emergenze)
*Rosalie Raspberry and the Mysterious Mouse Painting* (gentilezza, compassione)
*Sally Spinach and the Untruthful Ladybug* (semplicità, innocenza)
*Samantha Strawberry and the Trufflestrum Forest* (dignità)
*Tommy Tomato and the Mighty Storm Dragon* (forza, perseveranza)

**Lila Devi** ha iniziato la carriera di scrittrice in quinta elementare, con poesie metafisiche che archiviava segretamente sotto i calzini piegati con cura nell'ultimo cassetto del suo comò. Naturalmente, crescendo, alcuni dei suoi migliori amici erano i libri. Lila ha fondato Spirit-in-Nature Essences nel 1977 ed è autrice di *Manuale delle essenze floreali* e di *Essenze floreali per gli animali*, entrambi pubblicati in diverse lingue. Ha conseguito il Bachelor of Arts con lode presso l'Università del Michigan con una doppia specializzazione in inglese e psicologia e un diploma di insegnamento. Ananda Village, situato nei pressi di Nevada City, California, USA, è la sua casa.

**Chitra Sudhakaran** è nata in India. Le sue illustrazioni e copertine per libri sono ricchi di originalità, pensiero divergente, stile innovativo e organizzazione spaziale. Nel 2003 ha ricevuto il Balashree Award in Arti Creative dal Presidente dell'India. I suoi quadri sono stati esposti presso il Calicut Press Club e l'Accademia di Belle Arti del Kerala (India). Il nome "Chitra" in hindi significa immagine o disegno.

www.ingramcontent.com/pod-product-compliance
Lightning Source LLC
Chambersburg PA
CBHW041544260326
41914CB00015B/1545

9 780692 347782